La Misión de San Antonio de Padua

ZACHARY ANDERSON

TRADUCIDO POR CHRISTINA GREEN

Cavendish
Square

New York

Published in 2016 by Cavendish Square Publishing, LLC
243 5th Avenue, Suite 136, New York, NY 10016

Website: cavendishsq.com

This publication represents the opinions and views of the author based on his or her personal experience, knowledge, and research. The information in this book serves as a general guide only. The author and publisher have used their best efforts in preparing this book and disclaim liability rising directly or indirectly from the use and application of this book.

CPSIA Compliance Information: Batch #WS14CSQ

All websites were available and accurate when this book was sent to press.

Library of Congress Cataloging-in-Publication Data

Anderson, Zachary.
La Misión de San Antonio de Padua / Zachary Anderson, translated by Christina Green.
pages cm. — (Las misiones de California)
Includes index.
ISBN 978-1-5026-1141-3 (hardcover) ISBN 978-1-5026-1139-0 (paperback) ISBN 978-1-5026-1140-6 (ebook)
1. San Antonio de Pádua (Mission)—History—Juvenile literature. 2. Spanish mission buildings—California—King City Region—History—Juvenile literature. 3. Franciscans—California—King City Region—History—Juvenile literature. 4. Salinan Indians—Missions—California—King City Region—History—Juvenile literature. 5. California—History—To 1846—Juvenile literature. I. Title.

F869.S175A55 2015
979.4'85—dc23

Editorial Director, Spanish: Nathalie Beullens-Maoui
Translator: Christina Green
Editor, Spanish: Ana María García
Art Director: Jeffrey Talbot
Designer: Douglas Brooks
Photo Researcher: J8 Media
Production Manager: Jennifer Ryder-Talbot
Production Editor: David McNamara

Printed in the United States of America

Contenido

Fundada en 1771, la Misión
de San Antonio de Padua fue
la tercera de las misiones
californianas.

1
Los españoles en California

LA LLEGADA DE LOS ESPAÑOLES A ALTA CALIFORNIA

A lo largo de la costa californiana, desde San Diego hasta San Francisco, se encuentran veintiuna misiones españolas. Estas comunidades religiosas, establecidas entre 1769 y 1823, permitieron llevar españoles desde México (que en ese entonces se llamaba *Nueva España*) hasta California (conocida como *Alta* California). Fue en estas misiones donde se bautizó a numerosos indígenas pertenecientes a las tribus nativas de la zona y se les enseñó tanto el idioma español como la cultura española. La clave para entender buena parte de la rica historia de California se encuentra en estos asentamientos.

Hoy en día, la Misión de San Antonio de Padua se levanta orgullosa entre las suaves colinas de California como símbolo de un tiempo de cambios y desafíos para los españoles y nativos californianos. Fundada el 14 de julio de 1771, San Antonio de Padua fue la tercera misión establecida por fray Junípero Serra, un **fraile franciscano**. Desde sus comienzos, la Misión de San Antonio de Padua tuvo una historia única e interesante.

LLEGAN LOS ESPAÑOLES

En 1492, el explorador italiano Cristóbal Colón se embarcó en un viaje hacia el oeste por órdenes de los reyes de España, para quienes

La llegada de Cristóbal Colón al Nuevo Mundo en 1492 cambió la historia de España y del resto del mundo.

trabajaba. Su misión era encontrar una ruta navegable entre Europa y Asia. Era una época en la cual muchos países exploraban los mares, con la esperanza de encontrar riquezas y nuevos territorios. El viaje de Colón lo trajo accidentalmente al continente americano (conformado por América del Norte, América Central y América del Sur), y desde ese momento le permitió a España reclamar sus tierras. Inicialmente, el rey de España estaba interesado en estos territorios porque creía que los exploradores encontrarían un río que atravesara todo el continente y llevara a Asia. Muchos lo intentaron y todos fracasaron.

Uno de los **conquistadores** españoles que siguió el trayecto después de Colón fue Hernán Cortés. En 1519, Cortés navegó hasta lo que es actualmente México, donde encontró una rica y poderosa tribu nativa: los aztecas. En 1521, Cortés y sus hombres los conquistaron apoderándose de todas sus tierras y cambiando el nombre del territorio para llamarlo *Nueva España.*

En 1542, el explorador español Juan Rodríguez Cabrillo fue enviado por el Gobierno español a investigar la costa de California. Aunque la recorrió casi toda, Cabrillo no consiguió una ruta navegable ni riquezas. Cabrillo murió antes de terminar su viaje, pero es considerado uno de los primeros europeos en explorar la Costa Oeste en barco.

En 1569, Sebastián Vizcaíno fue enviado a Alta California para hacerse con varios puertos en la costa. En 1602, Vizcaíno y sus hombres establecieron el puerto de Monterrey, al cual nombraron en honor al **virrey** de Nueva España: don Gaspar de Zúñiga y Acevedo, el Conde de Monte Rey. También establecieron el puerto de San Diego. Sin embargo, como su expedición tampoco condujo a tesoros ni a una nueva ruta a Asia, los españoles abandonaron esa parte de California durante los siguientes 160 años.

Durante los siglos XVI, XVII y XVIII, los exploradores españoles recorrieron el nuevo país y reclamaron más territorios para España.

2
La tribu *salinera*

VIVIR DE LA TIERRA

Antes de la llegada de los europeos, la tierra en el área que ahora conocemos como California ya estaba poblada por numerosos y diferentes grupos de **indígenas**. Entre dos mil y tres mil personas de la tribu *salinera* vivían en la región donde se construyó San Antonio de Padua. Hoy en día poco se sabe de la antigua tribu *salinera*, ni siquiera su nombre original. Es llamada *salinera* por el área geográfica donde se originó: cerca del río Salinas.

Lo que sí se sabe de la tribu *salinera* es que vivían de las plantas y animales que había a su alrededor. Comían pescado, reptiles, aves y otros pequeños animales. Los hombres de la tribu cazaban o pescaban estos ejemplares con arcos y flechas hechas de madera, piedras y pieles de animales. Sin embargo, algunos de ellos no podían capturarse ni comerse, ya que eran sagrados.

En California hay muchos tipos diferentes de plantas comestibles. Los indígenas recolectaban bellotas, hierbas, bayas e incluso nopales. Las mujeres de la tribu hacían unas gachas con las bellotas, moliéndolas y luego cocinándolas. Los *salineros* comían esta especie de atol con las manos. A veces, horneaban panes que hacían moliendo las bellotas con la que elaboraban harina. Sin embargo, como las bellotas crudas son amargas, debían limpiarlas con mucho cuidado antes de comerlas; por ello lavaban con agua diez veces la harina de bellota.

VESTIMENTA

Los *salineros* también usaban pieles de animales para hacer toda su ropa. Como hacía tanto calor durante el verano, hombres y niños iban desnudos, mientras que las mujeres usaban un mandil cerrado atrás y adelante, con flecos en la parte de abajo. Estas faldas, habitualmente, se hacían con fibras vegetales tejidas como cordeles. Otra prenda de vestir que utilizaban las mujeres era una capa que parecía un canasto, la cual les permitía transportar cargas pesadas en la cabeza. Durante el invierno, los *salineros* se ponían abrigos o mantas, hechos con pieles de venado, linces o nutrias, para mantener el calor. Por lo general

Antes y durante la época misionera, las mujeres nativas a menudo preparaban los alimentos con las herramientas que tenían a mano.

no usaban calzado y a menudo se adornaban con orejeras y pintura corporal de color rojo y amarillo.

CREENCIAS Y PRÁCTICAS RELIGIOSAS

Antes de que los misioneros llegaran a California, los *salineros* practicaban su propia religión. Creían en un creador y que todas las cosas tenían vida. También tenían consejeros llamados *chamanes*, quienes, según sus creencias, podrían comunicarse con los dioses. En la tribu *salinera*, normalmente los chamanes eran hombres y podía haber varios. Uno de ellos era *el chamán del clima*, quien, según sus creencias, tenía poder para controlar el tiempo atmosférico. Otro era el encargado de curar a los enfermos.

IDIOMA

El idioma de la tribu *salinera* pertenece a las llamadas *lenguas hokanas*. Según la tribu *salinera* actual, es el idioma más antiguo conocido en California. Muchas de las palabras y frases se han transmitido de generación en generación y en la actualidad lo hablan los descendientes de los *salineros*. En las áreas donde habitaban las tribus *salineras*, se hablaban diferentes **dialectos** del idioma y, aunque variaban ligeramente en sonidos, eran lo bastante similares como para que los *salineros* pudieran entenderse entre sí y comunicarse.

INTERCAMBIO Y OTROS GRUPOS NATIVOS

Los *salineros* tenían tribus vecinas por tres costados. Al este, estaban los *yokut*, quienes eran amigables e intercambiaban productos, así como información, conocimientos y tradiciones, con los *salineros*. Al norte, se encontraban los *ohlone*, también conocidos como *costanoanos*, y que no se llevaban bien con los *salineros*, por eso peleaban con frecuencia. Al sur, vivían los *chumash*, que, al estar separados de los *salineros* por las montañas, rara vez interactuaban con ellos.

Cuando los españoles llegaron a California, el estilo de vida de los *salineros* cambió para siempre. En la actualidad, quedan muy pocos miembros de esta tribu y la mayor parte de su cultura se perdió como resultado del sistema de misiones.

La llegada de los españoles provocó enormes cambios para el pueblo *salinero* que habitaba la zona.

3
El sistema de misiones

LAS MISIONES BAJO LOS FRANCISCANOS

El sistema de misiones había sido establecido en el siglo XVII por todo el territorio de *Baja* California para **convertir** al **cristianismo** a las tribus nativas de la zona. Originalmente, todas las misiones eran dirigidas por sacerdotes de la orden jesuita. Sin embargo, en la década de 1760, a España le preocupaba que los jesuitas se volvieran demasiado poderosos. Por lo tanto, les mandó que abandonaran las misiones y los sustituyó por frailes franciscanos. Serían estos últimos quienes comenzaran y dirigieran las veintiuna misiones de Alta California.

Bajo los franciscanos el sistema de misiones era diferente al que había con los jesuitas. En vez de enviar solo misioneros, la Corona española mandó tanto soldados como frailes a vivir en Alta California. Los soldados estaban allí para hacer respetar las leyes y mantener la paz, mientras los frailes enseñaban cristianismo a los indígenas y los transformaban en ciudadanos españoles. Cualquier nativo californiano que se convirtiera al cristianismo y se fuera a vivir a la misión recibía el nombre de *neófito*. El papel de los misioneros era atraerlos a las misiones, donde les enseñaban los métodos de agricultura y construcción de los españoles y, de esta manera, los preparaban para ayudarlos en la construcción de las estructuras de la misión, así como a cultivar la tierra. Los frailes nunca olvidaron que las tierras pertenecían a los indígenas y tenían planes de devolvérselas cuando los **neófitos** pasaran a ser ciudadanos españoles. Este proceso de transferir el control de la misión quitándoselo a la Iglesia se llama *secularización*.

POR QUÉ SE CONSTRUYERON LAS MISIONES

El sistema de misiones se basaba en varias ideas y la religión era una de ellas. En esta época, cuando España comenzó a fundar las misiones, era un país mayormente católico, lo cual significa que los españoles seguían las enseñanzas del **catolicismo**, que es una denominación o tipo de cristianismo. Los misioneros deseaban difundir el cristianismo entre los habitantes de otros países.

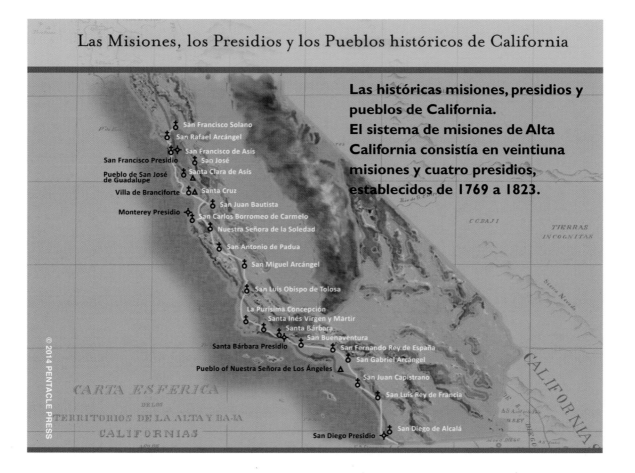

Las Misiones, los Presidios y los Pueblos históricos de California

San Francisco Solano
San Rafael Arcángel
San Francisco de Asís
San Francisco Presidio
San José
Pueblo de San José de Guadalupe
Santa Clara de Asís
Villa de Branciforte
Santa Cruz
San Juan Bautista
Monterey Presidio
San Carlos Borromeo de Carmelo
Nuestra Señora de la Soledad
San Antonio de Padua
San Miguel Arcángel
San Luis Obispo de Tolosa
La Purísima Concepción
Santa Inés Virgen y Mártir
Santa Bárbara
San Buenaventura
Santa Bárbara Presidio
San Fernando Rey de España
San Gabriel Arcángel
Pueblo of Nuestra Señora de Los Ángeles
San Juan Capistrano
San Luis Rey de Francia
San Diego de Alcalá
San Diego Presidio

Las históricas misiones, presidios y pueblos de California.
El sistema de misiones de Alta California consistía en veintiuna misiones y cuatro presidios, establecidos de 1769 a 1823.

También hubo una razón política para la creación de las misiones: en el siglo XVIII, países como Rusia e Inglaterra comenzaron a construir fuertes y reclamar territorios en el norte de Alta California. España veía a estos países como una amenaza, así que estableció misiones y *presidios,* o fuertes, para expandir su imperio y obligar a muchas tribus nativas a aprender el idioma español.

CÓMO AFECTARON LAS MISIONES A LOS INDÍGENAS

En la época en la que se estableció el sistema de misiones, muchos europeos daban por sentado que los habitantes originarios de California eran gente simple, sin mayores sofisticaciones. Pero los indígenas tenían su propia manera de vivir de la tierra, su propio idioma y sus propias creencias éticas y espirituales. Hoy sabemos que su civilización difería de la forma de vida europea, pero era igualmente cultivada y valiosa.

Las misiones como San Antonio de Padua eran estructuras permanentes donde los frailes podían enseñarles a los indígenas la fe cristiana y a ser como los españoles.

4
La fundación de la misión

EL PLAN DE ESPAÑA PARA CALIFORNIA

El Gobierno español tenía planes de establecer una cadena de misiones a lo largo de la costa californiana, desde San Diego hasta lo que es hoy el norte de California. Esta medida haría más difícil que países como Inglaterra y Rusia, también interesados en esas tierras, trataran de apoderarse de ellas. Además, significaba que las misiones estarían cerca de las poblaciones nativas y que los indígenas que se convirtieran serían ciudadanos españoles. San Antonio de Padua fue la tercera de estas misiones y se estableció el 14 de julio de 1771.

El Gobierno español envió dos frailes franciscanos y varios soldados a fundar cada misión. A cada misión se le asignaron mil dólares en moneda española para pagar suministros. Cuando se ordenó a los jesuitas que abandonaran las misiones en la década de 1760, un capitán del ejército llamado Gaspar de Portolá fue nombrado gobernador tanto de Baja como de Alta California. En 1769, lideró la expedición a Nueva España para crear la primera misión y reclamar tierras para España.

Fray Junípero Serra viajaba con soldados para establecer cada misión, que consagraba con una ceremonia religiosa llamada *misa*.

JUNÍPERO SERRA Y LA PRIMERA MISIÓN

Acompañando a Portolá en la expedición, iba un fraile franciscano llamado Junípero Serra, quien se convertiría en la figura más importante de la fundación de las misiones de Alta California.

Junípero Serra había nacido en la isla de Mallorca, España, el 24 de noviembre de 1713 y se llamaba Miguel José Serra. Desde muy joven supo que deseaba ser sacerdote y a los dieciséis años tomó sus votos para unirse a los franciscanos. Cuando un joven se convierte en franciscano, debe escoger un nuevo nombre. Serra eligió Junípero en honor a un amigo cercano y seguidor de san Francisco, el fundador de la orden franciscana. Serra se hizo sacerdote en 1737 y enseñó filosofía en España. Sabía que también deseaba transmitirles a otras personas las enseñanzas de la religión católica, así que en 1749 viajó a Nueva España para trabajar en Ciudad de México.

Serra trabajó en Nueva España enseñando y dando sermones hasta 1769, fecha en la que fue elegido presidente de las misiones californianas. Tenía cincuenta y cinco años, pero estaba deseoso de comenzar a convertir a los nativos de Alta California, así que en primavera se unió a la expedición de Portolá a San Diego. El viaje no fue fácil, y para cuando Serra y el equipo llegaron, la mitad de las personas del grupo había muerto. El 16 de julio de 1769, fray Serra estableció la primera misión: Misión de San Diego de Alcalá. En total, Serra fundó nueve misiones en Alta California mientras vivió.

CÓMO EMPEZÓ SAN ANTONIO DE PADUA

La Misión de San Antonio de Padua fue fundada el 14 de julio de 1771. Fray Serra, junto con los sacerdotes fray Buenaventura Sitjar y fray Miguel Pieras, varios soldados y dos familias neófitas de Baja California, entraron a una área llamada *Los Robles*. Se trataba de un valle ubicado al este de la costa californiana, al pie de la cadena montañosa de Santa Lucía, con tierras fértiles, cerca de un río y habitado por numerosos indígenas de las tribus *salineras*.

La historia relata que fray Serra encontró un punto en la ribera del río y oficialmente la Misión de San Antonio nació cuando los dos frailes y él colgaron unas campanas en un roble. Las hizo sonar para llamar la atención de los locales e invitarlos a ir a la iglesia. Algunos miembros de la expedición le dijeron a Serra que no había nadie en millas (kilómetros) y que no irían. Sin prestar atención a sus comentarios, Serra dijo que deseaba manifestar sus sentimientos sobre el cristianismo y para él repicar las campanas tenía un significado especial: era un símbolo de su deseo de enseñar a todos y hacerle llegar a todo el mundo la religión cristiana.

Después, las personas de la expedición construyeron un altar temporal y levantaron una cruz. Serra celebró el primer servicio en Los Robles y puso el nombre a la misión en honor a San Antonio de Padua.

Franciscanos como este dirigieron la misión hasta principios del siglo XXI.

LOS FRAILES EN LA MISIÓN DE SAN ANTONIO DE PADUA

Los dos frailes que quedaron a cargo de la Misión de San Antonio de Padua fueron fray Pieras y fray Sitjar. Fray Pieras comenzó su labor en la misión en 1771, cuando tenía apenas treinta años de edad. Pocas veces abandonó el sitio, hasta que se retiró a Nueva España en 1793.

Fray Sitjar tenía treinta y dos años y había nacido en Mallorca, España, en 1739. Junto con fray Pieras se encargó de la misión en 1771 y permaneció en ella durante treinta y siete años, convirtiéndose así en uno de los misioneros con más tiempo de servicio en el sistema de misiones de Alta California. A fray Sitjar se le reconocen muchos logros, incluyendo el dominio del idioma que hablaba la tribu *salinera* local. También compiló una lista de palabras con explicaciones en español, que fue publicada en Nueva York en 1861.

5
Los primeros días de la misión

PROSPERAN LAS RELACIONES CON LOS *SALINEROS*

Después de consagrar la Misión de San Antonio, los trabajos de construcción comenzaron casi de inmediato. Los indígenas *salineros* eran amigables y se ofrecieron para ayudar a construir las primeras estructuras de la misión. Estos cobertizos se hacían de forma sencilla y rápida. Generalmente, se usaban arboles pequeños para hacer los postes, y a continuación les ponían palos encima para armar el techo. Sobre los palos tendían ramas o *tule,* una especie de caña. Con el tiempo, estas estructuras temporales se transformaron en edificaciones permanentes.

Los indígenas *salineros* se sentían atraídos por las herramientas europeas usadas por los misioneros, tales como martillos y hachas. A cambio de que les regalaran estas herramientas, así como prendas de vestir y alimentos, los *salineros* daban consejos a los recién llegados sobre la tierra. También mostraban a los españoles dónde conseguir el mejor tule y otros materiales para la construcción. En la misión, los neófitos pasaron a ser conocidos como los *antoniaños*.

Para los misioneros de San Antonio de Padua reclutar neófitos era más fácil que para los frailes de otras misiones. Los indígenas de las áreas vecinas a la Misión de San Antonio de Padua y los católicos compartían ideas similares sobre dioses y deidades: los *salineros* creían en un creador y que la vida estaba en todas las cosas. Los *salineros* dijeron a los colonos españoles que sus leyendas hablaban de hombres con barbas, vestidos como los españoles, que habían visitado sus tierras anteriormente. Se piensa que estaban recordando cuando Sebastián Vizcaíno visitó la costa de California, a principios del siglo XVII. Los *salineros* incluso mostraron a los misioneros una cueva llena de dibujos y tallas de sus dioses, con lo que parecían ser cruces cristianas. Esta cercanía tal vez explique por qué los *salineros* aceptaron pacíficamente las conversiones al catolicismo, mientras otras tribus no se mostraron tan dispuestas a formar parte de la vida cristiana. La cueva, pintada por los *chumash* y ubicada en el área de Santa Bárbara, todavía existe.

COMIENZA LA CONSTRUCCIÓN

Las estructuras originales de la misión se construyeron en la ribera del río. En 1773, año y medio después de haber comenzado, esa parte del río se secó. No había suficiente agua para todos los habitantes de la misión ni para garantizar el crecimiento de los cultivos, lo cual era esencial para que la misión siguiera funcionando. A finales de ese año, se reubicó la misión a casi 1 milla (1.6 kilómetros) río arriba, donde el suministro de agua era abundante todo el año. Esta nueva ubicación quedaba en una parte diferente de Los Robles, en un punto del río llamado *arroyo San Miguel.*

Después del traslado, todos participaron en la construcción de una pequeña iglesia y unas cuantas edificaciones. Todas estaban hechas con ladrillos de **adobe**, que es una mezcla de barro, arcilla, paja y a veces estiércol. El adobe se echaba en moldes rectangulares que luego se ponían a secar al sol. A continuación, los ladrillos se cubrían con yeso para hacerlos impermeables. Después de aplicar el yeso, los ladrillos se pegaban con barro. Las edificaciones se recubrían

La primera boda católica registrada en California se celebró en la Misión de San Antonio de Padua.

luego con una lechada hecha con limo, leche de cabra y sal. Los neófitos también hacían azulejos con arcilla, dándole forma con moldes. Estos azulejos configuraban el techo y eran exclusivos de las estructuras de la Misión de San Antonio de Padua.

En la misión también se construyeron unas cuantas casas de madera especialmente para neófitos y soldados. La planta de la misión tenía forma de rectángulo, dispuesta en torno a un patio central. Esta forma se llama *cuadrángulo*. Este diseño se utilizó en las misiones para protegerse de los ataques de las tribus nativas y además para crear una comunidad cerrada dentro de los muros de la misión. A un lado del patio central había un pequeño jardín. La misión también incluía una bodega con inmensos toneles de vino, una prensa para hacer aceite de oliva y varios talleres donde los neófitos podrían practicar los oficios recién aprendidos.

LA PRIMERA BODA CATÓLICA EN CALIFORNIA

Poco después de llegar al sitio de la nueva misión, tuvo lugar la primera boda católica registrada en Alta California (1773). Los recién casados eran una mujer *salinera* de veintidós años llamada Margarita de Cortona y un soldado español de veinticinco años llamado Juan María Ruiz.

PROBLEMAS EN LA MISIÓN DE SAN ANTONIO

A pesar del traslado a San Miguel, persistían los problemas para los habitantes de la Misión de San Antonio de Padua. Durante la primavera de 1890, la cosecha de trigo casi se pierde por una helada. Los neófitos de la misión utilizaron el sistema de **irrigación** que habían construido para inundar los campos y descongelar el trigo. Luego todos pasaron nueve días rezando para que no se perdiera la cosecha. Ese año la cosecha fue mejor que nunca y este acontecimiento les dio a muchos neófitos fe en la religión cristiana.

La construcción continuó durante casi todo el período misionero. De hecho, las labores para construir las tres últimas iglesias de la misión —llamadas la Gran Iglesia— no empezaron hasta 1810 y concluyeron con la bendición de la edificación en 1813. Esta estructura esperada durante tanto tiempo, que tiene las pinturas y los ornamentos originales hechos por los neófitos que vivían allí, se conserva hoy en día. San Antonio de Padua es en la actualidad una de las misiones más grandes y mejor restauradas.

Para llevar agua hasta la misión, los neófitos construyeron un sistema de irrigación formado por ductos de piedra, como este.

6
La vida en la misión

UN HORARIO ESTRICTO

Para finales del segundo año, es decir en 1773, alrededor de 150 personas residían en la Misión de San Antonio de Padua. Se trataba de una cifra alta para una misión en sus primeros años de existencia.

Con el tiempo más indígenas *salineros* se mudaron a la misión. Otros siguieron viviendo en sus aldeas, pero iban a la misión diariamente a trabajar, comer y aprender. Los misioneros les enseñaron el catolicismo y a hablar español. También les transmitieron métodos de trabajo europeos, como el arado.

El horario diario en la misión era muy estricto y debía ser obedecido por todos, excepto por las personas que estuvieran enfermas. Era una forma de vivir muy diferente para

Las campanas de la misión repicaban para indicarles a todos cuándo levantarse, comer, trabajar y descansar.

los neófitos. Antes de trasladarse a la misión, los indígenas *salineros* eran libres de hacer lo que quisieran. Allí, sin embargo, todos debían trabajar por el alimento, la ropa y para sustentar al resto de los habitantes. Esto formaba parte de los planes de los frailes para que la misión fuese una comunidad exitosa, pero a muchos indígenas *salineros* les resultaba difícil adaptarse. Algunos no deseaban renunciar a sus libertades personales para unirse a la misión. Otros no se daban cuenta de cuán exigente era la vida misionera hasta que era demasiado tarde y los obligaban a quedarse.

VIDA DIARIA

Un día típico en la Misión de San Antonio de Padua se organizaba en torno al repicar de las campanas, y en cada misión había por lo menos dos. En la Misión de San Antonio de Padua estaban dentro de las torres o campanarios, uno a cada lado del edificio principal. A lo largo del día, las campanas repicaban a distintas horas y con propósitos diferentes, entre los cuales estaban indicar la hora de levantarse o de ir a dormir y avisar que debían rezar, comer o ir a trabajar.

Los días en la misión comenzaban temprano, en torno a las seis de la mañana, con la oración matutina. Después del servicio religioso, todos en la misión se reunían para el desayuno, que generalmente consistía en *atole* o gachas de maíz. A continuación, la gente se dividía en grupos para trabajar en distintos proyectos: los niños iban a clases con los frailes para aprender español y escuchar las enseñanzas de la Biblia, y todos los demás se ocupaban de labores específicas.

Los hombres trabajaban en los talleres o en los campos. Sembraban cebada, maíz, frijoles, trigo y chícharos, plantaban frutales y cuidaban del ganado en varios ranchos de la misión. Las mujeres preparaban las comidas, cosían prendas de vestir o hacían la colada. Se cocinaba principalmente sobre el fuego directo. En la aldea de los neófitos había

Los frailes instruían a los neófitos en varios aspectos de la cultura española, incluyendo el idioma, la religión y los métodos de trabajo.

un horno para hacer pan. Algunas mujeres se encargaban de tejer y hacer finas mantas y prendas de vestir con algodón, lana y linaza. Otras elaboraban velas y tejían canastos para usarlos en la misión. Las personas que vivían allí debían hacer todo lo que se utilizaba en la misión, así que había trabajo para todos.

VESTIR A LOS NEÓFITOS

Lograr que todos los neófitos usaran prendas de vestir les tomó mucho tiempo a los misioneros, pero fue una parte importante de los intentos de los misioneros por «civilizar» a los *salineros*. A los indígenas no siempre les agradaba la idea de ponerse ropa, pero los misioneros insistían en el cambio. A los hombres se les daba una manta, una camisa larga llamada túnica y un taparrabo, o guayuco, para ponérselo alrededor de la cintura. Posteriormente, la mayoría de los hombres también usarían pantalones. A las mujeres se les daba una manta, una túnica y una falda.

ACTIVIDADES NOCTURNAS

Después de realizar las labores previstas para la mañana, era hora de almorzar, normalmente un guiso de trigo, maíz o frijoles llamado *pozole*. Además de los alimentos que los *salineros* comían con la comunidad, cada familia consumía un potaje, mezcla de semillas silvestres, que preparaban en sus hogares. Tal como hacían antes de vivir en la misión, los indígenas almacenaban estas semillas en grandes canastas o en graneros que tenían en el exterior. Después del almuerzo, todos descansaban haciendo una *siesta*. Luego regresaban al trabajo hasta que era hora de cenar o asistir a otro servicio religioso. Aunque chocaba con el modo de vivir católico, los misioneros a veces permitían a los *antoniaños* cantar sus propias canciones y bailar como lo hacían antes. De esta manera, los mantenían contentos y no abandonaban la misión.

VISITA A SUS ALDEAS

Finalmente muchos misioneros decidieron permitirles a los neófitos de mayor confianza visitar brevemente sus aldeas de origen. Sin estas visitas, muchos se sentían infelices. Los frailes consideraban que estas vacaciones eran «un mal necesario»: no deseaban que los indígenas se marcharan, pero también querían hacerlos felices. Sin embargo, la felicidad no siempre era fácil. Algunos frailes y soldados maltrataban a los neófitos, por eso estos intentaban escapar. A menudo los atrapaban y llevaban de vuelta a la misión, donde eran castigados.

VIVIR EN LA MISIÓN

Al bautizar a los indígenas, los frailes les decían cuáles eran las reglas de la misión que debían seguir. Estas incluían imitar el estilo de vida de España y convertirse en ciudadanos españoles. Una manera con la que los frailes se aseguraban de que los indígenas no retomaran sus antiguos hábitos era dividir a las familias en parejas casadas, muchachas y muchachos. Las parejas casadas y sus hijos pequeños vivían en pequeñas aldeas, llamadas *rancherías*, a poca distancia de los principales edificios de la misión. Las muchachas mayores de once años eran llevadas a los *monjeríos*, dormitorios donde vivían las viudas y las jóvenes solteras. Por las noches, estos aposentos se cerraban y vigilaban, para garantizar que nadie saliera ni entrara a escondidas. Los muchachos solteros también residían aparte, pero sus aposentos no se cerraban de noche y los frailes los cuidaban.

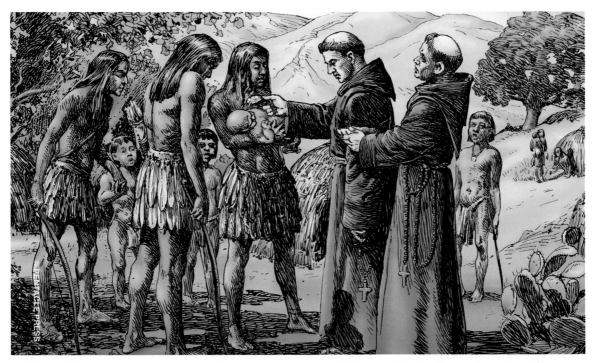

Antes de que una persona pudiera unirse a la misión, un fraile debía bautizarla en la fe cristiana.

7
El declive de la misión

TIEMPOS DE MALESTAR

A lo largo de su existencia, la Misión de San Antonio de Padua experimentó períodos de malestar dentro de la comunidad. Estos acontecimientos al final causaron que disminuyera la cantidad de indígenas que habitaban en la misión a mediados de la década de 1800.

El primer contratiempo ocurrió en 1775, cuando durante un bautizo, un grupo de *salineros* que no vivían en la misión comenzaron a lanzar flechas a sus habitantes. El hombre que estaba siendo bautizado resultó herido, pero cuando se recuperó de las heridas algunos neófitos creyeron que se trataba de una señal. Pensaron que el santo patrono de la misión, San Antonio, había salvado al hombre bautizado. Aunque el ataque podría haber tenido un efecto horrible en los sentimientos de los *antoniaños* hacia la misión, la vida allí continuó sin problemas.

Durante la década de 1800, comenzó una etapa de dificultades para la Misión de San Antonio de Padua cuando tuvo lugar un brote epidémico de una enfermedad, que posiblemente fuera viruela o sarampión, en todas las misiones de Alta California. Morían más neófitos de los que nacían en la misión. Los indígenas no eran inmunes a estas enfermedades, así que muchos se vieron afectados.

El trato dado a los neófitos causó otros problemas. En algunas misiones se les mantenía cautivos, teniendo que trabajar para sustentar el sistema misionero y con pocas libertades en su vida diaria. La primera vez que los neófitos rompían las reglas o se fugaban y los atrapaban, se les recordaba que ellos habían optado por vivir en la misión y prometido cumplir con sus normas. Si volvían a hacerlo, eran castigados con azotes. En la tercera oportunidad, cualquier neófito que cometiera una falta era obligado a llevar pesadas cadenas mientras trabajaba. A las mujeres generalmente las castigaban dejándolas de uno a tres días

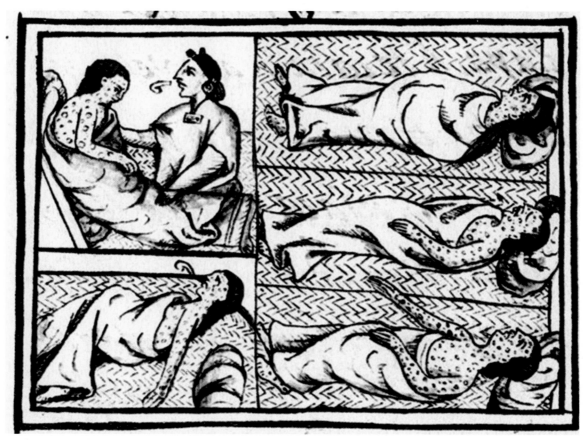

Enfermedades como la viruela afectaban a muchas personas que vivían en la Misión de San Antonio de Padua y sus alrededores.

en los **cepos**. Los misioneros consideraban que estos castigos eran adecuados y creían que los fieles convertidos no tenían los mismos derechos que los demás.

Otro problema con el sistema de las misiones era que los soldados no siempre se comportaban de acuerdo a los estándares misioneros. Tenían la tarea de hacer respetar las reglas, pero con frecuencia las quebrantaban. Había rumores sobre soldados que robaban a los neófitos, los maltrataban, castigándolos injustamente, e incluso a veces los atacaban. Una de las causas de estos problemas era que los soldados no estaban en la misión por los mismos motivos que los frailes, y los indígenas no les importaban. Al final, sin embargo, tanto soldados como frailes fueron considerados responsables del maltrato a los neófitos. Por eso, los neófitos se marcharon y la población de la Misión de San Antonio de Padua se redujo considerablemente.

Quien escapaba era castigado al regresar, por lo general dejándolo en cepos como el que se muestra en la imagen.

CAMBIOS

En 1805, dos nuevos frailes, Pedro Cabot y Juan Bautista Sancho, llegaron a San Antonio para ayudar a fray Sitjar. Llevaron consigo nuevos puntos de vista y fray Sancho incluso enseñó a los neófitos a cantar cantos gregorianos. La misión florecía, pero esta «edad dorada» no duró mucho.

Pocos años después, en 1811, la gente de Nueva España inició una revolución contra el Gobierno español para obtener su independencia. Mientras el Gobierno español estaba ocupado tratando de detener a los rebeldes en México, dejó de enviar suministros a las misiones. Como resultado, las misiones pasaron una mala época y algunos soldados no recibieron su paga; por eso robaban a los neófitos y comenzaron a causar más problemas. Pero todo cambió cuando, en 1812, México obtuvo su independencia de España.

Este cuadro de la Ascensión de María al cielo puede verse actualmente en la Misión de San Antonio de Padua.

8
Secularización

LA SECULARIZACIÓN DE LAS MISIONES

En 1821, la gente de Nueva España ganó la guerra de la Independencia (1810-1821) y formó la nueva nación llamada *México*. Tanto Alta California como Baja California pasaron a ser parte de México. En 1833, el Gobierno mexicano aprobó la Ley de Secularización, la cual contemplaba que todas las misiones fueran secularizadas, aunque no en la forma en que España pretendía inicialmente. La Misión de San Antonio de Padua fue secularizada en 1835.

La secularización significaba, más o menos, que las misiones fueran clausuradas después de 1834, pero no se devolvieron las tierras a los neófitos. Por el contrario, se asignó un comisionado a cada misión para que se encargara de dirigir a los neófitos y su educación. Los frailes fueron enviados de vuelta a España y se designaron sacerdotes mexicanos para que, a cambio de un salario, se ocuparan únicamente de la formación religiosa de los neófitos. A cada hombre neófito mayor de veinte años se le dieron 33 acres (13.4 hectáreas) de tierra, así como la mitad de las herramientas, ganado y semillas de la misión. La idea entonces era que los neófitos se encargaran de sus parcelas de tierra. Sin embargo, la mayoría de los que aprovecharon esta oportunidad no estaban debidamente preparados. Muchos neófitos fueron despojados de sus tierras por personas sin escrúpulos o se las entregaron a propietarios privados, quienes terminaron impidiéndoles a los neófitos permanecer en ellas. Numerosos neófitos decidieron abandonar la misión y vivir por su cuenta. Posteriormente colonos mexicanos se trasladaron a la zona y establecieron haciendas. Algunos nativos trabajaron allí y fueron maltratados por los mexicanos.

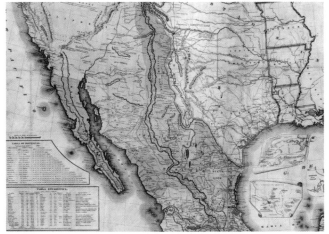

Después de 1821, México se quedó con las tierras que habían pertenecido a España, incluyendo las misiones de California.

EN MAL ESTADO

Una vez devuelta la misión a manos de la Iglesia católica en 1863, partes de esta siguieron funcionando gracias a los neófitos y al último sacerdote, fray Doroteo Ambrís, procedente de México, hasta su muerte en 1882. Después de eso, la misión quedó deshabitada y abandonada a su ruina. Lamentablemente, se robaron las tejas de los techos y casi todas las paredes se derrumbaron. La Misión de San Antonio de Padua se deterioró más que muchas de las otras misiones californianas porque pocas personas llegaban hasta ella por su remota ubicación. De 1903 a 1908, se inició un intento por restaurarla, pero solo se remodeló la iglesia y debió reconstruirse casi todo después del terremoto de San Francisco, ocurrido en 1906. En la década de 1950, los franciscanos regresaron y continuaron la **restauración,** y para el 14 de julio de 1971, la Misión de San Antonio de Padua pudo celebrar el bicentenario de su fundación en una estructura parcialmente renovada.

Hoy en día, la Misión de San Antonio de Padua sigue siendo una iglesia activa, museo y atracción turística.

9
La misión hoy en día

VISITAR LA MISIÓN ACTUALMENTE

La Misión de San Antonio de Padua todavía existe, ofreciéndoles a los visitantes mucho que ver y hacer. Hasta 2005, los franciscanos dirigieron la misión y a partir de entonces traspasaron su cuidado a la **Diócesis** católica de Monterrey. Ubicada en el verde valle entre las montañas de Santa Lucía, sigue siendo una parroquia católica activa y celebra misas diarias para la comunidad. La misión también es sede de un museo, donde los visitantes pueden recorrer la bodega original; así como ver algunas partes de los aposentos tal como eran cuando comenzó la misión.

Las personas que ahora visitan la misión también pueden admirar y tocar los descendientes de las plantas originales de los primeros días de la misión. En el centro del edificio se plantó un hermoso jardín. Una parra, cultivada a partir de las semillas de una parra original, todavía crece en su centro. A la entrada de la misión hay un olivo que data de la década de 1830 y aún produce olivas.

A diferencia de en las demás misiones californianas en la actualidad, en la Misión de San Antonio de Padua se conservan muchos artefactos de las estructuras originales. En la capilla, se puede encontrar un gran número de importantes piezas originales de su historia, como la **pila bautismal** y el **tabernáculo**. En el altar, se ubican muchas de las estatuas originales, incluyendo las de María y José, dos figuras importantes del cristianismo. Al renovar la capilla, se agregaron obras de arte, tal vez provenientes de la Misión de Santa Bárbara, así como bancos de iglesia.

La historia de la Misión de San Antonio de Padua ha sobrevivido como recordatorio de los momentos clave en la historia de California. De la misma forma en que allí sucedieron muchas de las «primeras veces» de California, hoy en día es un monumento viviente a dos culturas distintas y a los momentos que convirtieron a la población de California en lo que es hoy.

La Misión de San Antonio de Padua siempre será una puerta al pasado de California.

10
Haz una maqueta de la misión

Para hacer tu maqueta de la Misión de San Antonio de Padua, necesitas:

- regla
- tijeras
- una lámina de cartón pluma (poliestireno expandido)
- pintura (roja, verde, negra y terracota)
- espuma de poliestireno

- cartón
- cola blanca
- pasta desecada para lasaña
- campana pequeña
- flores
- árboles

INSTRUCCIONES

Se recomienda la supervisión de un adulto.

Paso 1: Para hacer la pared frontal y trasera de la iglesia, corta dos piezas de la lámina de cartón pluma que midan 7.75" x 6.75" (19.69 x 17.15 cm) cada una. Pinta todos los lados de color terracota.

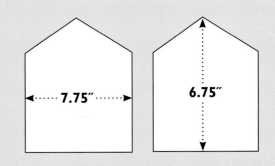

Paso 2: Para hacer las dos paredes laterales de la iglesia, corta dos piezas de la lámina de cartón pluma que midan 12.5" x 4.75" (31.75 x 12.07 cm) cada una. Pinta todos los lados de color terracota.

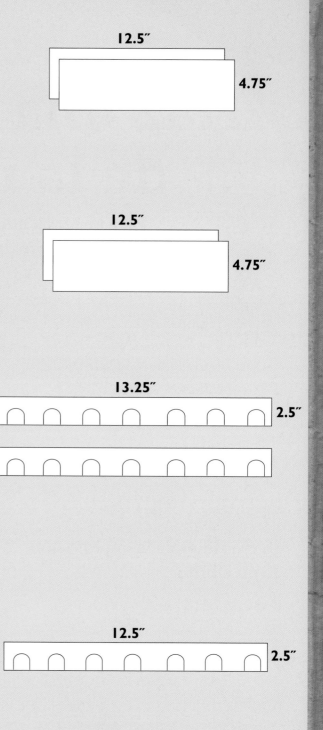

Paso 3: De la lámina de cartón pluma, corta dos paneles para el techo que midan 12.5" x 4.75" (31.75 x 12.07 cm) cada uno. Pinta todos los lados de color rojo.

Paso 4: Para hacer las dos paredes frontal y trasera del patio, corta de la espuma de poliestireno dos piezas que midan 13.25" x 2.5" (33.65 x 6.35 cm) cada una. Pinta todos los lados de color terracota y las puertas de color negro.

Paso 5: Para hacer la pared lateral del patio, corta de la espuma de poliestireno una pieza que mida 13.25" x 2.5" (33.65 x 6.35 cm). Pinta todos los lados de color terracota y las puertas de color negro.

Paso 6: Para hacer la fachada principal de la iglesia, de la lámina de cartón pluma corta una pieza que mida 7.75" x 2.5" (19.69 x 6.35 cm). Pinta todos los lados de color terracota y las puertas de color negro. Corta un pequeño recuadro sobre la puerta central para colgar la campana.

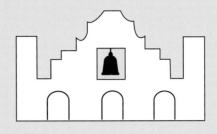

Paso 7: Para hacer la base, corta un trozo de cartón que mida 31" x 21.5" (78.74 x 54.61 cm). Pinta el área del patio de color verde y usa la pintura color terracota para cubrir la acera.

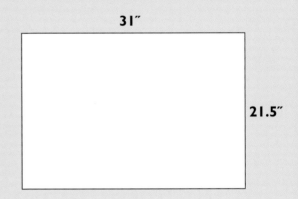

Paso 8: Pega con cola blanca, uniendo esquina con esquina, las cuatro paredes que cortaste en los pasos 1 y 2. Espera a que la cola seque.

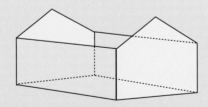

Paso 9: Pega los dos paneles del techo que cortaste en el paso 3 a la parte superior de la iglesia. Espera a que la cola seque.

Paso 10: Pega las paredes frontal y lateral del patio que cortaste en el paso 4 a los lados de la iglesia. Espera a que la cola seque.

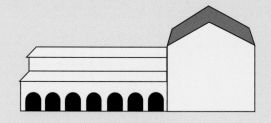

Paso 11: Pega las paredes frontal y lateral del patio, cortadas en el paso 5, a una de las paredes laterales de la iglesia. Espera a que la cola seque.

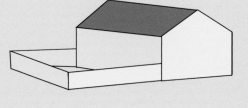

Paso 12: Pega la pared de la iglesia, cortada en el paso 6, al frente de la estructura de la iglesia. Espera a que la cola seque.

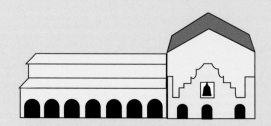

Paso 13: Pinta la pasta de color rojo y pégala a los paneles del techo. Espera a que la cola seque.

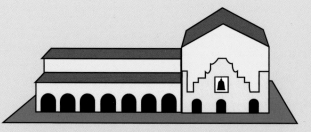

Paso 14: Usa un mondadientes para colgar la campana. Haz una cruz con otros dos y pégalos. Espera a que la cola seque. Pega la cruz encima de la puerta principal de la iglesia. Espera a que la cola seque. Decora la misión con flores y árboles.

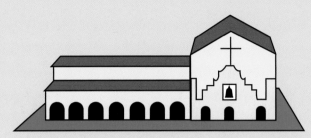

El modelo terminado de la Misión de San Antonio de Padua.

Fechas clave en la historia de las Misiones

1492	Cristóbal Colón llega a las Indias Occidentales
1542	Expedición de Cabrillo a California
1602	Sebastián Vizcaíno navega hasta California
1713	Nace fray Junípero Serra
1769	Fundación de San Diego de Alcalá
1770	Fundación de San Carlos Borromeo del Río Carmelo
1771	Fundación de San Antonio de Padua y San Gabriel Arcángel
1772	Fundación de San Luis Obispo de Tolosa
1775–76	Fundación de San Juan Capistrano
1776	Fundación de San Francisco de Asís
1776	Se firma la Declaración de Independencia de Estados Unidos

1777	Fundación de Santa Clara de Asís
1782	Fundación de San Buenaventura
1784	Muere fray Junípero Serra
1786	Fundación de Santa Bárbara
1787	Fundación de La Purísima Concepción
1791	Fundación de Santa Cruz y Nuestra Señora de la Soledad
1797	Fundación de San José, San Juan Bautista, San Miguel Arcángel y San Fernando Rey de España
1798	Fundación de San Luis Rey de Francia
1804	Fundación de Santa Inés
1817	Fundación de San Rafael Arcángel
1823	Fundación de San Francisco Solano
1833	México aprueba la Ley de Secularización
1848	Se descubren yacimientos de oro en el norte de California
1850	California se convierte en el trigésimo primer estado

Glosario

adobe. Ladrillos hechos de paja, barro y a veces estiércol secados al sol.

pila bautsimal. Parte de la iglesia usada para los bautizos.

catolicismo. Fe o práctica del cristianismo católico que incluye seguir la guía espiritual de los sacerdotes, encabezados por el Papa.

cepo. Artefacto de madera con orificios para inmovilizar los pies o la cabeza y las manos de una persona. Se usaba como instrumento de castigo.

conquistador. Persona, generalmente un militar, que va a un país a tomar el control de este o a conquistarlo.

convertir(se). Abandonar una religión para abrazar otra.

cristianismo. Religión basada en la creencia en Jesucristo y la Biblia, practicada por grupos occidentales, católicos romanos y protestantes.

dialecto. Acento o una manera diferente de hablar un idioma.

diócesis. División de las comunidades parroquiales en la religión católica.

fraile, fray. Hermano de una orden religiosa comunal. Los frailes también pueden ser sacerdotes.

franciscano. Orden comunal católica romana de frailes o «hermanos» que siguen las enseñanzas y el ejemplo de san Francisco de Asís, quien realizó una extensa labor como misionero.

indígena. Cuando una persona, lugar o cosa es nativa u originaria de una área.

irrigación. Una forma de suministrar agua mediante canales artificiales.

neófito. Término que describe a alguien recién convertido al cristianismo.

restauración. Proceso de devolver algo, por ejemplo una edificación, a su estado original.

secularización. Procedimiento mediante el cual las misiones dejaron de ser comunidades religiosas.

tabernáculo. Casa de adoración.

virrey. Persona enviada por un rey o una reina a gobernar una colonia.

Guía de pronunciación

atole (ah-TOH-lay)

El Camino Real (EL kah-MEE-noh RAY-al)

fray (FRAY)

monjerío (mohn-hay-REE-oh)

pozole (poh-SOH-ay)

rancherías (rahn-cheh-REE-as)

Para más información

Si deseas mayor información sobre la Misión de San Antonio de Padua y otras misiones de California, puedes consultar estos libros y sitios web:

LIBROS

Brower, Pauline. *Inland Valleys Missions of California*. Minneapolis, MN: Lerner Publishing, 2008.

Duffield, Katy S. *California History for Kids*. Chicago, IL: Chicago Review Press, 2012.

Gendell, Megan. *The Spanish Missions of California*. New York, NY: Scholastic, 2010.

Gibson, Karen Bush. *Native American History for Kids*. Chicago, IL: Chicago Review Press, 2010.

Young, Stanley. *The Missions of California*. 3rd edition. San Francisco, CA: Chronicle Books, 2004.

SITIOS DE INTERNET

California Missions Resource Center
www.missionscalifornia.com

Interactúa con la línea temporal de una misión, los vídeos y la galería de fotos. Descubre hechos clave sobre cada misión del sistema de misiones de California.

Monterey County Historical Society
www.mchsmuseum.com/missionsant.html

Investiga la historia de San Antonio de Padua y de la zona vecina de Monterrey.

Mission San Antonio de Padua
http://missionsanantonio.net

Explora la página web oficial de la Misión de San Antonio de Padua.

Para mayor información acerca de la Misión de San Antonio de Padua, panfletos, folletos y fotografías de la misión, contacta directamente la misión a:

P.O. Box 803 (End of Mission Road)
Jolon, California 93928
Phone: 831-385-4478
E-mail: office@missionsanantonio.net

Índice

Los números de página en **negrita** son ilustraciones.